Johann Ortmann

**Mischelkorn oder Gemang**

ein Versuch einer Auflösung einer Preisaufgabe der löblichen ökonomischen Gesellschaft zu Bern über diese Materie

Johann Ortmann

**Mischelkorn oder Gemang**
*ein Versuch einer Auflösung einer Preisaufgabe der löblichen ökonomischen Gesellschaft zu Bern über diese Materie*

ISBN/EAN: 9783743612464

Hergestellt in Europa, USA, Kanada, Australien, Japan

Cover: Foto ©Suzi / pixelio.de

Weitere Bücher finden Sie auf **www.hansebooks.com**

# Mischelkorn oder Gemang

ein

## Versuch

von Auflösung der Preißaufgabe der
löblichen ökonomischen Gesellschaft
zu Bern

über diese Materie

von

**M. Johann Georg Ortmann**

Pastor und Decanus der Herzogl. S. Weimar-
und Eisenachis. Diöces Kaltennordheim
und Fischberg.

Eisenach, 1781.
bey Johann Georg Ernst Wittekindt.

Den
Wohlgebohrnen und Hochgelahrten
Herrn
Joh. Heinrich Christian Thon
Herzogl. S. Weimar- und Eisenach.
Rath und Amtmann

und

Herrn
Heinrich Christian Caspar Thon
Herzogl. S. Weimar- und Eisenach.
Rath und Amtsverweser des
Amtes Lichtenberg


Seinem resp. verehrenswürdigsten Herrn
Schwiegervater und hochgeschätzten
Herrn Schwager.

Wohlgebohrne,
Hochgelahrte Herrn,

Hier, mein verehrenswürdigster Herr Vater, erster Greiß aller Beamten, ja, so viel ich weiß, aller Diener, die sich unter Carl Augusts Regierung glücklich schätzen; hier, bester Herr Bruder, früher noch Freund, als Schwager, hier nehmen Sie diesen Versuch als ein kleines Denkmal meiner dankbarsten Ehrfurcht und Ergebenheit um deßwillen an, weil Sie dazu die erste Veranlassung und Aufmunterung gaben. Sie, Herr Vater, besorgten uns das vordem existirende Rotenburger Intelligenzblatt, das mir die hier erörterte Preißaufgabe zuerst bekannt machte, und Sie, Herr Bruder, munterten mich auf, die Auflösung des Problems zu bearbeiten. Sie nahmen den aufrich-
tig-

tigsten Antheil an der Ehre, die mir die vortrefliche ökonomische Gesellschaft zu Bern dadurch bewieß, daß sie mit ihrem Acceßit mich ihres Beyfalls nicht 'ganz unwürdig hielt. Sehen Sie, warum ich bey Bekanntmachung dieses Aufsatzes natürlich zuerst an Sie denken muste. Mögte ich durch die Leitung des Allgütigen so glücklich seyn, mich noch recht sehr lange Ihrer wonnevollen Liebe und Freundschaft zu freuen. So lange dieß nun auch geschieht, so soll es meinem Herzen zu keiner Zeit an der Ehrerbietung und Treue fehlen, mit welcher ich bin

Ew. Wohlgeb.

Kaltennordheim,
den 29. Jänner 1781.

gehorſ. Schwiegerſohn und aufrichtigſt ergeb. Schwager,
M. Joh. Georg Ortmann.

Mischelk.

Im Jahr 1774 gab die berühmte ökonomische Gesellschaft zu Bern, in der Schweiz, deren Präsident der unsterbliche von Haller war, unter andern die Preisaufgabe auf: von den Vortheilen und Nachtheilen des Mischelkorns im Verhältnis gegen den Anbau einer einzelnen Getraideart, und von der vortheilhaftesten Weise, diese Vermischung nach Verschiedenheit des Erdreichs und Climats anzustellen. Die würdigste Preisschrift sollte mit einer goldenen Medaille, 20 Dukaten schwer, gekrönt werden. Der gegenwärtige Aufsatz ist ein Versuch von Auflösung dieses Problems. Er wurde im Winter-

termonat des genannten Jahres an Herrn
D. Tribolet, beständigen Sekretär jener Societät, unter der gewöhnlichen Vorsicht eingeschickt. Im Sommer 1775 erhielt der
Verfasser vom Herrn Tribolet die Nachricht,
daß keinem der eingeschickten Aufsäze über
diese Frage der ausgesezte Preis zuerkannt
worden sey; doch habe der meinige das Accessit erhalten, und sey nur Ort und Art
zu bestimmen, wo und wie das gewöhnliche
Accessit-Honorarium überschickt und in Empfang genommen werden könne. Auser dem
dauere die Frage, und vor die Auflösung die
Belohnung noch fort, es dürfe der Verfasser, der das Accessit erhalten, nur die genauere Entwickelung der Vortheile des Mischelkorns ins Auge fassen, dann sey nicht zu
zweifeln, daß seine Mühe ganz werde gekrönet werden. Allein das Jahr 1775 war
meiner ländlichen Muse nicht so günstig, als
ich es hätte wünschen mögen. Es unterblieb von meiner Seite eine neue Untersuchung dieser Materie. Doch muß ich auch
offenherzig gestehen, daß, so oft ich nachher
zufällig oder vorsezlich meinen hier bekannt
gemachten Aufsaz überdacht, ich nach
meinem besten Wissen nicht gesehen habe,
wo Zusäze oder Ausmerzungen statt haben
könn-

könnten. Indessen habe ich mich begierig in den litterarischen Neuigkeiten und Nachrichten von dem Jahr 1776, bis auf diese Zeit bey den ökonomischen Artickeln nach einer Abhandlung von dieser Materie umgesehen, und bin noch zur Zeit nicht so glücklich gewesen, eine zu treffen, und die zu finden, die meinem Verlangen entspräche. Das hat denn den Gedanken in mir erweckt, diese kleine Abhandlung über einen in der Oekonomie gar nicht unwichtigen Artickel bekannter zu machen, und alles gemeinnützliche darinnen mit Wahrheit und Vortheil suchenden Lesern zu theilen. Denn da ich mir bewußt bin, nach Erfahrungen gedacht, und den Hauptzweck immer vor den Augen gesehen zu haben: so kann das ganze Resultat nicht anders, als nützlich seyn. Doch zur Sache selbst; ihren Werth entscheide fremdes Urtheil.

Wenn das angeführte Problem mit einiger Vollständigkeit und Ordnung behandelt werden soll: so muß dieser Versuch von Auflösung desselben

I. das Mischelkorn,
II. dessen vortheilhaften, oder schädlichen Anbau, in Rücksicht auf reine Getraidearten,
III.

III. die vortheilhafteste Methode, daſſelbe zu bauen,

ordentlich beſchreiben. Dieß ſoll nun in den folgenden Abſchnitten geſchehen.

## Erſter Abſchnitt.
### Vom Miſchelkorn und deſſen Arten.

#### §. 1.

Was die ökonomiſche Geſellſchaft zu Bern, muthmaslich nach dem Gebrauch der Schweiz, und angemeſſen der Natur der Sache, Miſchelkorn nennet, das nennet man bey uns Gemang. Unter dieſen ſynonymiſchen Worten aber verſteht man Getraide, das aus einer gewiſſen Vermiſchung von Körnern verſchiedener Art beſteht, die aber eine groſe Aehnlichkeit oder Gleichheit in der Zeit des Säens, Reifens und Einſammlens haben, und in dieſer Eigenſchaft zu beſonderm Gebrauch verwendet werden. Denn auſer dem, daß man ſich deſſelben zum Saamen bedienet, ſo iſt deſſen Verwendung in häuslicher Wirthſchaft zum Backen, Malzen, Brauen, Branntweinbrennen, vor Menſchen, zum Schroten und Füttern vor Vieh,

Vieh, nichts unbekanntes. Die Pflanzen, welche aus den Körnern verschiedener Arten erzeugt werden, sind theils jährige, theils gehören sie zu den Sommergewächsen; das heißt, sie müssen entweder einen Winter und Sommer bis zum Reifen des Saamens haben, und dann sind sie jährige, oder sie erreichen in einem Sommer ihre Vollkommenheit, und heissen Sommergewächse. Wider die Natur der Sache würde es also laufen, wenn man zur Saat Winter- und Sommer-Pflanzen-Saamen vermischen, Korn mit Gerste, Weizen mit Hafer oder Erbsen säen wollte. Daher erwächst ein Unterschied zwischen Winter- und Sommer-Gemang. Jener ist die Mischung von Weizen und Roggen; dieser ist Gerste mit Hafer, Wicken mit Gerste, oder Hafer, oder Erbsen, oder mit allem vermengt.

§. 2.

Die Proportion, in welcher verschiedene Saamen unter einander gemischt werden, giebt dem Mischelkorn so gut seine bestimmte Namen, als es eigene Benennungen annimmt nach der innern Verschiedenheit der Zeitigung seiner Körner. Denn nach diesem letztern Verhältniß heißt es Wintergemang, wenn die Körner von Jahrspflanzen gezeugt sind, und Sommergemang, wenn vom Sommergetraide die Rede ist. So heißt auch, genau genommen, Korn und Weizen, in gleicher Proportion gemischt, Gemang; desgleichen, Sommergetraide zu gleichen Theilen gemengt, Gemang; ist aber in der Mischung des Weizens oder Roggens mehr, so bestimmt das überschiessende den Namen, im erstern Fall heißt man es Weizengemang, im andern Korngemang. Eben so heißt Gerstengemang, wo die Gerste die Oberhand hat, und Hafergemang, wo des Hafers mehr, als der Gerste ist.

§. 3.

Ganz gebräuchlich nennt man dagegen schlechthin Wickengemang, ohne auf eine Proportion zu sehen, wie die den Saamen ausmachende Getraidearten gemengt sind, alles das Sommer- und Brach-Gesäme, das entweder zum Grün- und Frisch-Abfüttern, oder zum Reifen der Körner gesäet wird, es mögen der Wicken darunter viele oder wenige seyn. Im vorbeygehen gleichsam sey es gesagt, daß, um eine Erndte reifer Körner von Wickengemang zu erhalten, sehr bequem Gerste, oder Hafer, oder von beyden etwas drun-

drunter gemischt werde, weil dann die vielzweigigten Wicken, sie mögen schwarze oder weiße seyn, sich mit Vortheil und zu ihrer bessern Erhaltung um und an die geraden Halmen der Gerste und Hafers anhangen.

§. 4.

Wird Wickengemang des Frischabfütterns wegen in die Brach gesäet, es bestehe nun dieß Mischelkorn aus 2, 3 oder 4 Arten Saamens, (denn es ist nicht selten, daß Wicken, Gerste, Hafer, Erbsen oder dergleichen zusammen genommen werden, weils nur darum zu thun ist, grün Futter zu erhalten) so nimmt man dazu nicht allein ganze Stücke in der Brach, sondern man faßt sogar die Aufstöße und Grenzscheidungen der Krautländer mit solchem Gemengsel an mehrern Orten ein, um auch davon zu gelegener Zeit grün Futter vor das Vieh ein- und zweymal abzumähen, oder mit der Sichel abzugrasen. Mit dieser Benutzung grünen Wickenfutters wird ordentlich folgendermasen verfahren. So bald selbiges auf der Brach oder den Tresenen- und Kraut-Lands-Abwänden so hoch gewachsen ist, daß einiges schossen oder Halmen treiben will, anders zum Blühen Mine macht, welches denn ohn-

ohngefähr am Ende der Heuernüte geschiehet, da grünes Futter seltener wird; so wird täglich so viel davon geschnitten und nach Haus geschafft, auch entweder so im ganzen dem Vieh vorgelegt, oder weit nützlicher auf der Futterbank mit wenigem Stroh klein geschnitten, und so dem Stall- Mast- und Zugvieh gereichet, als man von Zeit zu Zeit nöthig hat. Damit fährt man so lange fort, bis ein solches Stück ganz genuzt ist. Nur lasse man das Gesinde, so oft es dergleichen Futter heimschafft, in den trockensten Stunden des Tages dasselbige schneiden und eintragen oder fahren. Am Ende kan Rindvieh, oder Pferde, oder Schaafe, ja, auch Schweine in die Stoppeln eines solchen Feldes gehen, und den Nachschuß abgrasen; dann aber reisse man es tüchtig um, und mache es geschickt, zur gehörigen Saatzeit Roggen hinein zu säen. Was aber auch gewisse Schriftsteller, und besonders Engländer, von der Unschädlichkeit eines solchen Wickenfutters, in Absicht auf den Acker, der auch noch mit Wintergetraide bestellt werden soll, rühmen mögen; so hat mich die Erfahrung noch nie von der Richtigkeit dieser Behauptung, wohl aber vom Gegentheil belehret. Denn allemal hat das Wintergetraide dünner und hun-
ge-

geriger ausgesehen, welches auf Feldern gezogen wurde, die vorher Wickenfutter getragen hatten, als auf denen, wo nichts in der vorjährigen Brach war gezeugt worden, und selbst das Flachskorn sieht gemeiniglich noch besser aus, als solch Wickenkorn. Die Sache hingegen freylich von der Seite betrachtet, daß man sein Vieh zu Haus auf die nützlichste Weise mit grünem Wickfutter, wie mit dem unter die Gerste gesäeten Klee, geraume Zeit hat unterhalten können; so muß man nichts desto weniger, ob auch schon die darauf folgende Winterſaaterndte nicht die beste wäre, diese Art künstlicher Wiesen nicht ganz vernachläßigen.

§. 5.

Ist aber der Landwirth im Stande, sein umzureissendes Wickenfutterfeld mit kurzem Mist dünne zu überstreuen, oder den Pferch noch erst drauf zu schlagen; so wird er und seine Familie sich mit der Erndte des nächsten Sommers von einem solchen zweymal genuzten, aber zweymal auch mit Dung gefütterten Felde so zufrieden nähren können, als im vorherigen Sommer seine Ochsen davon stark, und seine Kühe milchreich wurden. Auserdem steht es in seiner Freyheit,

A 5 ein

ein solches umgerissenes Feld den Winter hindurch ruhen zu lassen, und erst das folgende Frühjahr mit Sommergetraide zu bestellen. Doch hangen dergleichen Anordnungen billig von der vernünftigen Ueberlegung ab, ob das Verhältniß der Winter- Sommer- und Brach-Felder eine solche Einrichtung erlaube, oder das häusliche Bedürfniß sie erheische. Genug aber von dieser Digression. Wir wollen zur Hauptsache zurückkehren.

§. 6.

Auser diesen schon genannten und gewöhnlichsten Mischelkornarten giebt es noch einige Gattungen gemengter Gewächse, die, nach Beschaffenheit des Bodens und Clima, vielen unerfahrenen Landleuten mit Nutzen bekannt gemacht und angepriesen werden können. Dahin rechne ich das Mischelkorn von Sommerroggen und Sommerweizen; die Mischung von Gerste und Kleesaamen, jener des reifen Saamens wegen, dieses des Grünabfütterns oder Beheuens wegen. Dahin gehört ferner, nach der Anzeige des Geheimenrath Rheinharts in seinen vermischten Schriften, diesem der praktischen Wahrheiten wegen sehr vorzüglichen Werke, das

Pflan-

Pflanzen der Phaseolen oder Schmink- und Schneidbohnen um die Pflanzen des Amerikanischen Mais, oder gemeiniglich, doch fälschlich sogenannten Türkischen Korns, welches mit grosem Vortheil in wärmern und sandigen Gegenden geschehen soll. Dahin rechne man die Einsteckung der Phaseolen bey dem Hopfenbau, ja, auch der Kürbisse bey den Hopfenstangen. Dahin gehören, nach eigener Erfahrung, die neben die eingelegte Kartoffelsaat eingesteckte Kartoffelerbsen oder andere gute Erbsen, deren Schoten hier zum Ausläufeln und Grünverspeisen weit unschädlicher eingesammelt werden, als von den eigentlichen Erbsfeldern. Dahin gehört eine mäsige Vermischung von weissen oder braunrothen Erbsen mit den Sau- oder Pferdebohnen, da an der lezten Stengeln die ersten sich anhangen, und gedeihlich zu einem guten Schrotfutter vors Vieh aufwachsen. Allein, wozu alle diese Mischungen und Vermengungen verschiedener Saamen und ungleicher Getraidearten oder Gewächse? Ist ihre Anpflanzung und Bau zu rathen, oder zu mißbilligen? Hiervon soll der folgende Abschnitt handeln.

Zwey-

## Zweyter Abschnitt.
## Von Vortheilen und Nachtheilen des Mischelkorns.

#### §. 1.

Sollte ich so glücklich seyn, diese Frage hier so zu erörtern, daß sie einigermasen den Beyfall so patriotischer und scharfsichtiger Leser gewönne, die grosmüthig genug sind, sie, wenn sie das Ziel trifft, entscheidend zu belohnen; sollte sie gar so viel Werth haben, daß sie zum Vortheil des Ackerbaues und der Landwirthschaft empfohlen werden könnte: so würde ich in diese ihre Gemeinnützigkeit den grösten Werth setzen, und diese vor die edelste Belohnung ansehen.

#### §. 2.

Es läßt sich keinesweges geradehin oder in einem entscheidenden Tone vom Nutzen oder Schaden des Mischelkorns sprechen. Divide et imperabis. Man muß Erdreich, Clima, Feldbau und die Gemangart selbst in Betrachtung ziehen, wenn man über Vortheil und Nachtheil des Mischelkorns seine Meinung sagen will. Man muß dabey nicht den Gesichtspunkt aus den Augen

ver-

verlieren, daß die Frage sich hauptsächlich nur auf die vorzüglich edeln Getraidearten beziehen könne. Soll bey dem allen aber das, was gesagt wird, gültig seyn und einigen Werth und Gewicht haben, so gelten genaue und häufige Erfahrungen weit mehr, als Theorie, verlassen von der Praktik. Möchten sich doch überall beyde geschwisterlich wechselsweise die Hände in einem so weiten Felde, als der Landbau ist, reichen; dann würde gewiß in demselben eine Art von Vollkommenheit statt haben, so weit diese nämlich von Menschen-Händen und Klugheit abhängt; und dann würde seinen Liebhabern und Arbeitern eben so viel wahres und reines Vergnügen, als reeller Nutzen verschaffet werden. Theoretische Schwätzer, (wie viele giebt es deren nicht in Schriften der Landwirthschaft, die ungeprüft und unnachgeahmt unschickliche Ackerrecepte fortpflanzen, oder selbst ausgeheckte auf dem geduldigen Papier entwerfen!) diese Schwätzer, oder auch von gesunden Grundsätzen der Naturlehre zu sehr verlassene Praktiker schaden in dem Verhältniß, in welchem sie entweder viel zu wagen ohne Erfahrung anrathen, oder aus Dummheit wie aus altem Eigensinn die besten Versuche hassen. Die einen laufen

bey

bey den glänzendsten und viel versprechenden
kostbaren Versuchen sehr oft Gefahr, zu ver-
armen, und die andern, bey einem ewigen
Herkommen und steifen Schlendrian nie ihr
wahres Glück zu machen.

§. 3.

Ueber die Folgen des Mischelkorns läßt
sich, wie gesagt, nicht schlechterdings sprechen. Qui bene distinguit, bene docet.
Man muß die Sachen von einander abson-
dern, und dann von ihnen und ihren Ver-
hältnissen reden: so wird man beydes ver-
ständlich und nützlich werden. Es ist also
nachtheilig, in einem fetten und wohlgebau-
ten Felde und bey einem mildern Clima einem Sommersaamen von besserm innern Ge-
halte einen Zusatz von wenigerm Werthe zu
geben. Denn da z. E. ein an sich guter oder
durch Kunst und Fleiß gut gemachter Acker
unter günstigem Himmel Stärke und Freyheit genug hat, reine Gerste zu tragen; so
wäre es wider die ökonomische Klugheit, ein
geringhaltigeres Getraide, z. B. Hafer, zu
dergleichen Saamengerste zu mischen. Es
ist fehlerhaft, in einem gütigern Himmelsstrich und feinen Boden Wintergemang von
Weizen und Roggen zu säen, da hier einer

oder

oder der andere dieſer Saamen allein mit Wucher gedeihen wird. Es iſt ſo gut, wie ausgemacht, daß ein einzelner reiner Saame immer vorzüglicher iſt, als ein gemiſchter, und daß Wintergemang niemalen ſo ein vielfältiges Korn trägt, als reiner Roggen. Zwar wird Brod und Backwerk vom Wintergemangmehle weiſer, als das vom reinen Korn; bey weitem aber iſt es nicht ſo gut, ſo haltbar und ſo ſchmackhaft, als das vom reinen Roggenmehl. Weil nun ein Feld von gleicher Größe und Güte, mit reinem Korn beſtellt, mehr Getraide an Körnern und Stroh zeuget, als ein mit Wintermiſchelkorn beſäetes; weil ein Weizenfeld, das der Quantität nach nur wie Miſchelkorn wuchert, ſeines innern Werthes und Gehaltes wegen, doch vorzüglicher iſt, als das leztere: ſo iſt in beſſern Himmelsſtrichen und Feldern das Wintermiſchelkorn, oder Wintergemang bey weitem das unempfehlenswürdigſte.

§. 4.

Vielleicht liegt hier der wahre Grund, (naturalis ratio legis) warum den Juden im Ackergeſetz 3. Moſ. 19, 19. und 5. Moſ. 22, 9. unterſagt war, in Paläſtina Gemang zu ſäen. Denn jetzo von moraliſchen Urſachen

chen dieses Verbots nichts zu erwähnen, von welchen hier ohnedieß der Ort nicht ist zu reden, so dünkt es mich höchstwahrscheinlich, daß deswegen den Hebräern nur eine Getraidegattung auf einem Stücke zu säen erlaubt war, weil ihnen der Himmelsstrich sehr günstig und von Frost oder unmäßiger Nässe nichts zu fürchten war. So war ein reines Weizen= oder Semmel=Mehl, desgleichen ein reines ungemischtes Gerstenmehl allemal demjenigen weit vorzuziehen, welches Zusätze vom Hafer oder Roggenkorn hat. Wiewohl vielleicht die leztere Getraideart Roggen den Israeliten überhaupt ganz unbekannt war, und auch jezo von den Morgenländern, besonders den ihren ältesten Sitten und Gebräuchen zum getreuesten ergebenen Arabern, weder gebaut noch gekannt wird. Weizen und Gerste macht bis jezt die Hauptsumme ihres Getraides aus, davon Menschen, Cameele und Pferde unter ihnen leben. Es gefällt mir, um des bis daher angeführten wegen, des Herrn Hofrath und Ritters Michaelis Muthmasung über dieses Israelitische Ackergesetz, welche er im vierten Theil seines Mosaischen Rechtes bekannt gemacht hat, nicht besonders, so sehr ich sonst die anderweit entschiedene und auch in diesem Werke
sich

sich sehr auszeichnende Verdienste dieses arbeitsamen, scharfsinnigen und vortrefflichen Schriftstellers verehren muß. Er ist nemlich der Meinung, daß in diesem Verbot des Gesetzgebers Absicht dahin gieng, die jüdischen Bauern zu verpflichten, daß sie keinen, als gelesenen und von allem sogenannten Unkrautsgesäme gereinigten Saamen säen sollten. Es ist uns zwar der Nutzen dieses Verfahrens aus mehrern angestellten Erfahrungen von der besten Seite bekannt, wenn man, zumalen in Jahren, wo ein fremder Zufall viel Unkraut erzeugt, die langweilige Mühe über sich nehmen will, Weizen: Roggen: und Gersten: Saamen nicht nur erst aufs beste fegen, sondern auch noch von Menschenhänden so rein von allen fremden Zuthaten auslesen zu lassen, als man Hülsenfrüchte und ähnliche Saamen rein lesen läßt, ehe man sie speiset. Allein nichts von dem zu sagen, was vor eine unglaubliche und immer einfache Mühe, die fast über die menschliche Geduld gehet, und nur Verbrechern statt einer Büßung aufgelegt werden sollte, erfodert worden seyn würde, allen Saamen bey grosen Feldgütern so rein auszulesen, als einem solchen Gesetze nach in dem gemuthmaßten Sinne hätte geschehen

*Mischelt.* B müs-

müssen; (der Verfasser weiß die Zeit und Mühe, welche drauf gehen, um 8 Maas Gerste, Roggen oder Weizen, rein lesen zu lassen, wenn damit 2 Acker Land, jeder zu 160 Ruthen, sollen bestellt werden, da 1 Maas Gerste 27 bis 28 Pfund nürnberg. Gewicht, und dergleichen Korn 30 und 31, und Weizen 32 und 33 Pfund hält) so lehret die tägliche Erfahrung, daß durch allerley Wege und Zufälle nichts destoweniger fremde Saamen von Unkraut auf unsere Felder kommen, die wir mit dem reinesten Getraide bestellt hatten. Wer wird in einem Ackergesetze: säe nicht Unkraut mit guten Saamen auf einem Acker! was interessantes und merkwürdiges sehen, da jeder kluger Bauer nicht vorsetzlich Unkrautsaamen mit ausstreuet? Ein Gebot in Ackergesetzen also: allen Saamen zu lesen, scheint daher der erzielten Absicht nicht genau genug zu entsprechen, und ist nebenher beym Besitz wichtiger Feldgüter als ein immerwährendes Gesetz gewiß von den allerbeschwerlichsten, zeitfressendsten und daher kostbarsten Bemühungen. Hierbey beliebe man zu bedenken, daß die palästinischen Bauern ihr Getraide im freyen Felde droschen und in der freyesten Luft wurfelten. Dieß war

schon

schon vor sie ein groser Vorzug, reinern Saamen, als wir, zu erhalten, weil wir in engern und meist verschlossenen Scheunen unser Getraide wurfeln lassen müssen. Ohnfehlbar scheint daher das Mosaische Gesetz dahin gezielt zu haben, die Kornfelder deswegen mit reinen unvermischten Weizen und Gerste (da niemand aus Vorsatz Unkraut unter reinen Saamen mischet, so kann von diesem auch der Name, Mischelkorn, nicht einmal statt haben, da es die Sache des Zufalls ist,) bestellen zu lassen; weil gelindere Winter, trocknere Felder, bestimmtere Zeiten des Regens und der Wärme Einer guten Getraideart in alle Wege günstiger waren, und überhaupt ein reines Getraide an sich immer mehr Vorzüge hat, als das, so man, doch immer einer ungünstigern Ursache wegen, mischen muß. §. 3.

§. 5.

Unter solchen Umständen aber, als eben gesagt worden, ist es allemal ein groser Fehler und Schaden in der Oekonomie, schlechteres und weniger abwerfendes Getraide zu ziehen. In einem weiten Bezirk auser dem Orte meines Aufenthalts, kenne ich Gegenden, in denen man entweder schlechterdings gar

gar keinen, oder nur auf wenigen Feldern, einigen Gemang säet. Durch langwietige Erfahrungen belehrt, wissen daselbst die eingebornen Bauern, daß es ein jähriger Schade vor sie seyn würde, Wintergemang zu säen, da die einzeln Getraidearten, allein gesäet, gut anschlagen und bessern Ertrages sind. Ich selbsten, da ich vor mehrern Jahren eine solche freundlichere Gegend bewohnte und wahrnahm, daß einige Personen auf wenigern Aeckern Wintergemang stehen hatten, der verführerisch schön ins Auge fiel, wurde dadurch veranlaßt, auf einem und dem andern meiner Grundstücke einen Versuch von vorhin noch nie darauf gesäetem Gemang zu machen. Die eine Probe bestunde in Weizen-, die zwote in Roggengemang. Der Erfolg misrieth mir die Fortsetzung des Mischelkorns. Denn, so schön ein solcher Acker mit hübschem Gemang dem Auge aussieht, so wenig ist sein Ertrag dem einer reinen Getraideart gleich. Ich baute nunmehro nur wieder reinen Roggen, reinen Weizen, und befande mich, je mehr ich auf die Güte des Saamens und den guten Bau des Bodens Bedacht nehmen ließ, sehr wohl dabey. Die augenscheinlichste Ursache schien mir in der mildern Himmelsgegend und in

den

den guten meist trocken liegenden Aeckern zu liegen.

§. 6.

Mit diesen Bemerkungen, über das Nachtheilige im Bau des Wintergemangs, verbinde ich nun der Ordnung nach auch die Betrachtungen, die als ein Resultat aus fleißigen Wahrnehmungen über rauhere Lagen entstanden sind. Ein Bild von der einen ist dieß: eine Strecke zwischen ansehnlichen Gebirgen, quell-wasser-steinreich, die von Süden her aus einem engern Thal sich mehr erweitert, von West-Süden aber thalförmig in einen ansehnlichen Schoos sich ausdehnet und dann in ein westnordliches engeres Thal wieder ausgehet, und daher heftigen Winden, Regen und rauhen Stürmen sehr ausgesetzt ist. Die gegen Morgen, Süden, Westen und Norden hoch aufsteigende Berge, deren Gipfel sehr oft in den Nebel der drüberziehenden Wolken eingehüllt, und gleich dem Seeschwamm Einsauger der Dünste und Nebelwolken sind, um ewige Behälter und Vorrathskammern der an ihnen entspringenden Quellen zu werden, diese Gebirge, ihre Ausdünstungen, ihre wasserreiche Quellen, ihre Zerreissung durch

Thä-

Thäler machen den Wechsel der Witterungen, Windes, Regens, Nebels, Sturmes, Wärme, Hitze, Frostes, Schnees, Eises recht zur andern Natur. Nichts destoweniger trift man in dem Bezirk Weizen, Roggen, Gerste, Bohnen, Rapsaat, Hafer, Erbsen, Wicken, Linsen, Lein, Kraut, Kartoffeln und etwas Rüben an; in den Gründen, an und auf den Bergen aber, dienliches Gras zu Heu und Grummet, wie nicht weniger auch taugliches Brenn- und Nutzholz.

### §. 7.

Ins Ganze genommen, cultivirt dieser Distrikt den Wintergemangbau. Doch baut man auch reines Korn; an und auf den Bergen aber durchaus reinen Weizen. Zur reinen Roggensaat wählt man die trockensten und etwas lehnende Felder von gutem und wo möglich etwas sandigen und kiesigen Boden. Ist die Zubereitung durch Dung und Ackerarbeit den Sommer hindurch geschehen, so folgt vor Egydiitag a. St. d. i. vor dem 12ten Sept., die Bestellzeit des Roggens. Von der Zeit an ist nicht zu befürchten, daß der Saame sich überwachse und Kräfte verschwende, die er den kommenden

den Sommer anzuwenden nöthig hat; so treffen ihn die Frühlings- und spätern Sommer-Fröste nicht so leicht in der Bluthzeit, und gemeiniglich ist er mit dem Anfang des Augusts zum Einernoten reif, und giebt 6, 7, 8fältig, da der Gemang nur das 4te und 5te Korn abwirft. Unter dem Beding tauglicher Aecker und Witterung ist also auch der beschriebenen Gegend die reine Kornsaat nüßlich. In wessen Macht aber stehet die Zeit und Witterung? oder auch die Natur des Bodens?

§. 8.

Wir wollen daher nun ganz von der nützlichen Seite des Mischelkorns reden. Weizen auf Feldern säen, wo er nicht mit Nußen wuchert, ist ein Schaden; Roggen säen, der leicht verwintert, oder in der Blüte erfriert, ist ein Schaden; Mischelkorn säen, das doch zu ungleichen Zeiten reifet, und sich nicht sehr vervielfältiget, ist auch kein anziehender Vortheil. Indessen, wie man spricht: ex duobus malis minimum est eligendum, so muß man gestehen, daß nach Beschaffenheit des Climats und Erdreiches in vielen Gegenden der Wintergemang als ein kleineres Uebel anzusehen, und, im Vergleich reiner

Getraidearten, die umschlagen würden, vor ein vorzügliches Gut zu achten ist.

§. 9.

Werden die Herbste in den Gegenden, wo man etwas früher zu säen durch die alte Erfahrungen genöthiget ist, ungewöhnlich warm, sonnenreich und fruchtbar, so überwächset sich der Roggensaamen auf den Aekkern, und verschwendet Kräfte, die im Winter durch Frost in die Nässe, im Frühjahr durch wechselnde Tageshitze und nächtliche Kälte so zerstöret werden, daß vor den nächsten Sommer wenig Vermögen und Thätigkeit in den Pflanzen zurückbleibt, um viele, lange und vollsaamige Roggenähren zu erzeugen und zu nähren. Gesetzt aber auch, daß die Herbste, wie das am meisten geschiehet, sich mehr ähneln und unfreundlicher werden, daß also Bewohner solcher Gegenden, als oben beschrieben wurden, ihren Gemang schon mit Egydii neuen Styls, d. i. gegen den 1sten Sept. u. s. f. säen müssen; (welches des Weizens wegen nothwendig ist, da derselbe über 11 Monate zu seiner Zeitigung erfordert) so treibt sodann nicht allein der zugleich mitgesäete Roggen zu sehr, sondern er schosset und blühet daher in dem drauf
kom-

kommenden Lenz und Sommer auch eher, als der später gesäete, und wird durch die, zumalen in tiefern Gründen oft einfallende Sommerfröste zu Grunde gerichtet, oder doch in seiner Ergiebigkeit gestöret. Sind dergleichen Herbste dabey noch besonders feucht, so verwüsten kleine Schnecken, deren Element die nasse Luft ist, den Roggen ganz, da sie dem Weizen nicht schaden, und daher selbst des Mischelkorns weit mehr schonen.

§. 10.

Hätte man, bey Voraussetzung solcher Unfälle und Feinde, auf die Aecker nichts als reinen Roggensaamen gebracht; so würde ein totaler Miswachs zu fürchten seyn. So aber, da Gemang, Korn und Weizen unter einander auf einem und demselben Felde bestellt worden ist, so bekommt man doch, im ersten Fall des erfrornen Korns, mit dem meist saamenlosen Roggenstroh, und im 2ten des Schneckeneinfalls, bey meist verschwundenem Roggengetraide noch eine leidliche Weizenerndte. Das Wenige ist doch aber immer besser, als das Nichts. Allzunasse Jahreszeiten schaden überhaupt den Kornerndten gar sehr. Von dessen Herbstfeinden, den Schnecken, ist schon gesprochen wor=

worden. Sind die Wintermonate und besonders darauf, der März und April sehr feuchte, und bald wieder durch einen unbeständigen und schnellen Wechsel täglicher Wärme mit nächtlicher Kälte und Frost furchtbar; so leiden alle Saamenpflanzen, sie werden vom Frost aufgezogen, bey der Hitze sinkt die Erde nieder, verläßt die Wurzel, diese welkt, der Wind entsaftet und verscheucht sie, die Pflanze stirbt und verdirbt. So tödtet auch Frost und Hitze auf andere Weise. Denn die Wärme der Luft und Sonne verdünnet die Säfte der Pflanzen, die plötzlich darauf folgende Nachtfröste coaguliren dieselben, oder machen sie gleichsam gerinnen, daraus entstehet ein Stocken im Saftumlauf, ein Zerreissen der feinsten Saftröhren, kurz, ein Pflanzentod. Würde in allen diesen Fällen dem Roggen kein Weizen beygemischet seyn, der als eine sehr edele Frucht doch gleichwol vom gütigen Schöpfer fast gegen alle Anfälle ungünstiger Witterung und gegen manche andere Getraidefeinde auszudauren, mit genugsamer Stärke ausgerüstet zu seyn scheinet; so würden alle Arbeiten des Landmannes nur allzu oft durch fehlgeschlagene Erndten vereitelt werden. Leidet aber jetzt bey solchen Ereignissen der

Rog-

Roggen, so gewinnen die Weizenpflanzen so zu reden auf den Trümmern der Kornpflanzen mehr Platz und Kraft, bestauten sich besser, bilden vollere Aehren und Körner, und bringen, so fern ihr gefährlichster Feind, der Honig- und Mehlthau, sie nicht trift, noch eine ganz gute Erndte. Ist dagegen die Jahreszeit dem Roggen zuträglich gewesen, und hat der Weizen von der eben genannten Krankheit, die die Weizenähre mit einem feinen doch fühlbaren Saft bedeckt und ihre Ausdünstung schädlich verhindert, Schaden genommen, so macht die besser gerathene Roggenerndte den Schaden wieder unmerklicher. Mithin ist es, von dieser Seite betrachtet, an vielen Orten nützlich, Mischelkorn zu säen. Und dabey muß zugleich mit in billigen Anschlag gebracht werden, daß doch auch oft beydes zugleich wohl geräth, und seinen Bau am rechten Ort empfiehlt.

§. 11.

Vom Sommerweizen, Sommerkorn und deren Vermischung weiß der Verfasser dieses Aufsatzes aus eigener Erfahrung nichts zu sagen. Da er nun nichts behaupten oder verwerfen will, wofür oder wowider er nicht eigene Versuche auf seiner Seite hat, so enthält

hält er sich billig seines Urtheils über diese Gattung von Getraide, und schließt die Erinnerung an dieselbe damit. Oft habe ich mit solchem bestellte Felder gesehen, die im Frühjahr gar zeitig zurecht gemacht werden müssen, und doch im Herbste erst das Einerndten erlauben, also kältern Strichen nicht anzurathen scheinen. Auffallend war es mir aber, ihren Anblick und vorzüglich den des Sommerkorns hungrig zu finden; dünnes niederes Geströhde, kleine, mehlarme Körner machten dessen Anbau keine sonderliche Empfehlung und Ehre. Felder mit Sommerweizen fielen weit schöner ins Gesicht, doch ist der Halm kürzer, als beym Winterweizen. Zu dem Wort von diesem Sommergetraide als im vorbeygehen, setze ich noch eine oder zwo Anmerkungen, die sich auf die Hauptmaterie, von der die Rede ist, beziehen. Die Güte des Wintermischelkorns nach den Beziehungen, als bisher davon gehandelt wurde, erhält durch folgendes noch einige Stärke mehr. Der Winterweizen ist nemlich auser dem Honigthau noch einer und der andern Unbequemlichkeit unterworfen. Er wuchert an den mehresten Orten nicht so gut als das Korn, und leidet noch auserdem unglaublich viel vom Brand,

das

das Stroh ist ohnedieß kürzer, und seine Zeitigung langsamer als die des Roggens. Wie vortheilhaft ist es da nicht vor den Eigenthümer, wenn er auf dergleichen nur misliche Weizenerndten versprechenden Feldern noch den Trost hat, sich durch den darunter aufgewachsenen Roggen zu entschädigen!

§. 12.

Die Wohlthat der gütigsten Vorsehung ist nicht gering, daß seltener zwo Gattungen des Mischelkorns zugleich umschlagen. Dagegen ist es vor einen vernünftigen, gefühlvollen und dankbaren Zuschauer ein wunderschönes Spektakel, in guten Jahren dergleichen Gemangfelder und besonders im Junius, Julius und August zu betrachten. Die Stärke des etwas kürzern Weizenhalmes, die schlanke Höhe des stolzern Roggens, welchen endlich die Last einer langen vollkörnigten Aehre bis nahe der Spitze des Weizens niederbeugt, macht in millionenfältigen ähnlichen Stellungen von gleicher Art die dichtesten Aufenwände, und die gestopftesten Mittelfüllungen dieser Gemangfelder. Zu diesem Anblick reimt sich die ländliche Beschreibung eines schönen Getraidefeldes recht

recht besonders, da man spricht: das Getraide steht, daß man ein Rad darwider lehnen könnte. So gesellt sich selbst die Schönheit zu dem Nutzen des Mischelkorns, von welchem wir in diesem Abschnitt zu reden hatten. Sein Gebrauch ist allerdings vortheilhaft in solchem Erdreich und Himmelsstrichen, als wir sie vorausgesetzt und beschrieben haben. Durch den Gemang macht man seine Erndten gewisser, als durch eine Gattung, und durch diese letztere verliert man immer eher, als durch jenen. Aber wie muß es angegriffen werden, was giebt es vor Handgriffe und Vorsichten, das Mischelkorn recht vortheilhaft zu säen? Diese kleine Abhandlung wird mit der Auflösung dieser letzten Frage schließen.

## Dritter Abschnitt.
### Von der vortheilhaftesten Methode, das Mischelkorn zu bauen.

#### §. 1.

Daß der Ackersmann und Güterbesitzer, der sich in einer Nothwendigkeit befindet, Mischelkorn oder Gemang zu säen, so viel an seinem Theile thue, als ihm zu seinem

nem wahren Vortheil zu gönnen ist, dazu wird das folgende ohnfehlbar brauchbare Handleitung abgeben. Die hier mitzutheilende Erfahrungen sollen hoffentlich so einleuchtend seyn, daß sich ihr Wahres und Nützliches schon ohne Versuche wird begreifen lassen, die, sobald sie selbst angestellt werden, ihres Beyfalls dann doppelt gewiß seyn müssen.

§. 2.

In Gegenden also, dergleichen wir geschildert und vorausgesetzt haben, ist der Bau des Gemanges oder Mischelkorns so empfehlenswerth, daß er von Rechtswegen in einer jeden derselben, die davon noch keinen Gebrauch gemacht hat, einzuführen ist. Aber wie vielleicht die, die mit der Cultur dieses gemischten Getraides schon bekannter sind, hier manches finden werden, das sie gut heisen und nachahmenswerth erkennen müssen; so werden andere, denen ähnliche Lagen des Gemangesanbau nothwendig machen, ganz gewiß ihre Rechnung dabey finden, wenn sie Verstandes genug, aber auch Schlendrians- und Vorurtheils-Verleugnung genug haben, neue Vortheile zu sehen und sich eigen zu machen. Denn wir ge-

getrauen uns, die Bürgschaft zu leisten, daß die, welche die Vorschläge befolgen werden, sich zu sehr von ihrem Interesse werden überzeugt finden, als daß sie solche aufgeben und nicht in ihren Landbau aufnehmen sollten.

§. 3.

Der Roggen leidet leicht von überflüßiger Näſſe und Kälte, wie von den Schnecken; ein andermal überwächſet er sich, setzt zur Unzeit die beſten Kräfte auf, lauft Gefahr, in der Blüte vom Froſt getroffen und zerſtört zu werden, und iſt alſo dem Miswachs mehrmalen unterworfen: der Weizen wirft so reichlich nicht ab in Vervielfältigung seiner Körner, wird vom Mehlthau krank, und iſt dem Brande unterworfen. Wie begegnet man zu einiger Sicherheit dieſen Anfällen, und wie greift man es an, daß dieſe dem Wintergemeng-Saamen so gefährliche Feinde mindere Verwüſtungen anrichten? Alles, was der Menſch bey der Sache thun kann, (und deſſen Obliegenheit iſt es doch, Verſtand, Augen und Hände auch in der Rückſicht auf das Land, wo er lebt, und welches er baut und bauen läßt, vernünftig zu brauchen, non enim omnis fert omnia tellus,) iſt dieſes, daß er

A)

A) das Land und dessen Bau,

B) die Saatzeit,

C) den Saamen selbst vor Augen habe, und nach einem gewissen Fuß behandele.

A) Die Behandlung des Landes.

§. 4.

Ländereyen, die in einem ungünstigern Himmelsstriche liegen, den doch gleichwol Menschen bewohnen, und zu ihrem bessern Unterhalt aufs möglichste nutzen sollen, müssen durch Augenschein und Erfahrung geprüft werden, ob sie leichten oder schweren Boden, nassen oder trockenen Grund haben, ob sie zu Erwärmung, künstlicher Auflockerung und Austrocknung des feuchten schweren Bodens hitzigern Pferde- und Schaafdung, oder zu besserm Druck, Haltbarkeit und Nahrung des leichtern Feldes Rindviehmist, oder zu Mittelfeld eine nützliche Mischung aller dieser Dungarten bedürfen, ob sie bey der bisher herkömmlichen Bauart die reinen Getraidearten an Winter- und Sommer-Früchten mit Nutzen gepflanzt haben oder nicht. Sechsjährige Erfahrungen, geschweig

denn 9= und mehrjährige sind vor einen aufs
merksamen und Ueberschlag machenden Land=
mann genug, von der Natur und Tragbar=
keit seiner Felder, der Saat= und Erndtezeit
ein Urtheil zu fällen, und nunmehro seine
Gewohnheiten, sie zu bauen, fortzusetzen,
oder zu verbessern, oder gar abzudanken.

§. 5.

Auf reichern Feldern, die vorher Win=
tergetraide getragen haben, säet er im näch=
sten Lenzen, wofern sie nicht wieder etwas
überdüngt oder gepfercht worden sind, statt
reiner Gerste, nur Gerstengemang, d. i. $\frac{2}{3}$
Gerste mit $\frac{1}{3}$ Hafer gemischt. Auf weniger
reichen, welche aber doch in der vorherge=
gangenen Braach zur Wintersaat gedüngt
worden waren, Hafergemang, d. i. $\frac{2}{3}$ Hafer
zu $\frac{1}{3}$ Gerste gemischt, oder Erbsen. Denn
diese auf gedüngte Felder säen wollen, das
hieß Erbsenstroh, aber nicht Erbsensaamen
erzielen wollen. Doch wird auch auf eben
dergleichen, wie auf allen geringhaltigen, blos
reiner Hafer gesäet. Auf denen aber, die
etwas feuchter und schwerer sind, bauet er
nützlich reine Wicken und Wickengemang,
oder die nützlichen Pferde= oder Saubohnen,
theils allein, theils mit Rotherbsen gemengt.
Als

Als eine in allerley Fällen vorträgliche Acker-
regel merke er sichs, daß es sehr nützlich ist,
so lange, als es nur seyn kan, mit den ver-
schiedenen schicklichen Saamenarten auf einem und demselben Felde abzuwechseln, ja
Saamen, die an andern Orten gebauet worden sind, statt seiner einheimischen und selbst
gezogenen zur Saat anzuwenden.

§. 6.

Um hierinnen weniger zu irren, muß
der Eigenthümer ein Saat- und Erndte-Buch
halten, darein schreibt er, wie jeder Acker a)
gedüngt, wie oft er bearbeitet worden, welchen Tag und mit welchen und wie vielen
Saamen er bestellt worden ist; b) wann
derselbige abgeschnitten, und wie viel aufgebunden und eingeerndtet worden ist; c) was
nach dem Dreschen vor Körner aufgehoben
worden sind. Sobald das Ausdreschen vollendet ist, zieht er die Summe von allem
Wintergetraide zusammen und dividirt in
dieselbige den darzu verwendet gewesenen
Saamen. So findet er, wie in selbigem
Jahre seine Wintererndte gewuchert hat,
und das wievielste Korn sie ihm eingebracht.
Eben dieß thut er mit dem Sommergetraide,
und dem in dessen Summe dividirten Saamen.

men. Zieht er endlich eine Totalsumme von Winter- und Sommer-Körnern, und macht allen ausgestreut gewesenen Winter- und Sommer-Saamen zum Divisor, so kan er sagen, das wievielste Korn oder Maas in demselbigen Jahr sein ganzer Feldbau abgeworfen. Vergleichungen dieser Summe mit vorhergehenden Jahren angestellt, werden ihm zeigen, welche Jahre die reichsten, mittelmäsige oder arme gewesen, und was er vor einen Ueberschlag mit seinem Getraide machen muß, um mit selbigem die Bedürfnisse seines Hauses zu bestreiten, oder mit dessen Verkauf baare Loosung zu seinem Gebrauch zu gewinnen. Hier wird sich die Klugheit eines guten Landwirths sehr vor der gedanken- und absichtlosen Wirthschaft eines unwissenden und gleichgültigen auszeichnen, und alle seine wirthschaftliche Einrichtungen werden einen Bezug oder Bestimmung von seiner grössern oder geringern Erndte haben, deren Ertrag ihm nicht beyläufig, sondern genau bekannt ist.

§. 7.

Dem Wintergemang, nachdem das Land schwer und der Sommer trockener ist, gehören 3 und auch 4 Arbeiten. Man wählet
zu

zu demselben die nächsten und besten Aecker. Der Mist wird auf selbigen entweder eingebraacht, oder nach der Braach vor dem ersten Umrühren frisch gleich ausgebreitet und eingeackert oder eingerührt, es folgt nach 3 oder 4 Wochen die zwote Ruhr, oder dritte Bearbeitung, und endlich die letzte Arbeit. Diese besteht entweder im flachen Unterackern des aufgestreuten Saamens, oder im Ackern zur Saat, da nemlich kurze Zeit darauf der gestreute Saamen eingeegget wird. Vom Unterackern des Saamens weiß man durch Erfahrung, daß die auf solchen Feldern erzeugten Saamen vollkommner und schwerer werden, als die vom Untereggen. Der Druck und Gegendruck der Wurzeln und des Bodens ist im erstern Fall gröser, und dieß ist die natürliche Ursache eines stärkern Triebs in den Pflanzen, und der in den Aehren durch reichlicher zugeführten Saft vergrösserten und mehlreichern Körner.

§. 8.

Im Fall das zu bestellende Feld, statt des Hofmistes, mit dem Pferchschlage gedüngt worden ist, so versäume man keine Zeit, um es schnell würkend zu machen, daß dieser untergeackert werde, und erwarte nicht zum Nachtheil des Bodens ungewissen Regen, da während der Zeit alle Vortheile des Hordenschlages in der Luft verzehrt werden können; ist aber binnen der Zeit, daß die Schäferey auf dem Acker lag, nachdrücklicher Regen eingefallen, so eile man nicht, das Feld naß umzureisen, sondern lasse es bis zu guter Handhabung trocknen. Nichts kan Felder auf mehrere Jahre verderben, als wenn sie bey schmierigen Erdreich beackert werden.

### §. 9.

Ist nun, wie beschrieben worden, das Feld und Saamen bestellt, so müssen, um alles möglichst trocken zu halten, Schrot- oder Schrägfurchen mit recht tief gestelltem Pfluge in einem Zug durch alle Satteln des Ackers schief- oder schräghin gezogen werden, und da ausgehen, wo der Acker einige Neigung und Niederung hat. Ist er etwas abhängig, so muß der Pflug mit dem Vieh nach dem sich am meisten neigenden Ort hin, und endlich so an einem Ende ausgehen, daß jede Sattelfurche ihr Wasser in diese Haupt- oder Schrotfurche senden kan, aus welcher es denn seinen Ausgang natürlich nach der größten Tiefung nehmen wird. Je nachdem

Felder

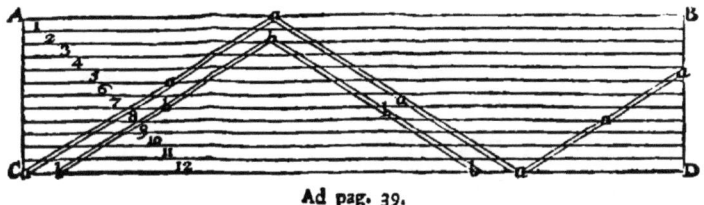

Ad pag. 39.

Felder grösser oder kleiner sind, macht man dergleichen Schrägfurchen mehrere oder wenigere. Sehr vortheilhaft wird neben die erste in immer gleicher Entfernung von 2 oder 3 Schuhen eine zwote gezogen. Z. B. A. B. C. D. sey der Acker, der nach den Ziffern 12 Satteln, und also 13 Linien oder Sattelfurchen hat. Je kleiner in feuchterm Boden die Satteln sind, je eher wird er trocken gehalten. Vierfurchigte sind dann die besten Satteln, wenn sie zugleich schön gerundet sind. a. a. a. a. a. a. a. und b. b. b. b. b. sind die Schrot- oder Schrägfurchen. Sobald diese geackert sind, müssen sie wohl und reinlich mit einer Schaufel geleeret, vertieft und geebnet werden. Im Herbst, Winter und Frühjahr muß bey Regenwetter nachgesehen werden, ob sie noch unversehrt, oder verfallen sind, im letztern Fall ersetzt man mit der Schaufel die Fehler und räumt die Verstopfungen des Wassers weg. So fließt aus allen Sattelfurchen in diese Hauptfurchen als in Wasserleitungen alle häufige Nässe ab; so wird das Feld und die Pflanzen auf selbigem trocken gehalten; so wird das Ersaufen, Faulen, Erfrieren, und alles daher rührende Verderben und Krankheit des Getraides nützlich verhütet, oder wenigstens

stens gemindert. Es ist um des gewissen Vortheils willen zu wünschen, daß diese Vorsicht von keinem Landeigenthümer verachtet, sondern mit strenger Genauigkeit beobachtet, und den Arbeitern des Feldes nachdrücklich eingeschärft, und, wie weit sie ihre Schuldigkeit gethan, nachgesehen werde. In allgemein schlechtern Jahren wird man durch Hülfe dieser Methode sich immer besser befinden, als der nachläßige, gleichgültige und liederliche Bauer, der doch oft verwegen, irreligiös und unwissend genug ist, seine Fehler und Unterlassungssünden einem unwiderstehlichen Verhängniß der göttlichen Vorsehung aufzubürden. Mögte sich jedermann lebhaft davon überzeugen, daß, je weniger wir uns Vorwürfe der versäumten Pflicht zu machen haben, desto grösser unser Vertrauen auf den Segen Gottes seyn dürfe, desto gewisser unserm Wünschen der gute Erfolg entsprechen werde.

### B) Die Saat- und Bestellzeit.

#### §. 10.

Der zwote Umstand, gutes Mischelkorn zu erhalten, ist der der rechten Saatzeit. Der Weizen zeitiget nach allen Erfahrungen später, wenn er unter gleichen Umständen

mit

mit dem Roggen gesäet wird, als dieser.
Eben die Bewandnis hat es mit der Gerste
und dem Hafer in der umgekehrten Ordnung.
Ist es daher nicht begreiflich, daß eine oder
die andere Gattung, wenn sie gemengt einen
Saamen ausmachen, in ungleichen Zeiten
reifen, eine auf die andere warten oder auf
sich warten lassen muß, in Gefahr kommen
müsse, Schaden zu leiden? Wird z. E.
Gerste mit Herbsthafer, und also sehr bald
gesäet; so leidet sie sowol von den nächtli:
chen Frühjahrsfrösten, wird am Grase gelb
und geht ins Abnehmen, als sie nach ihrer
Reife durch das Warten auf die Zeitigung
des Hafers vielen nachtheiligen Zufällen un:
terworfen ist. Denn steht sie an Garten:
zäunen, Hecken, Gebüschen, Bäumen oder
Strauchwerk, so fressen sie die Vögel aus,
ein Zufall, der unter gleichen Umständen dem
Weizen begegnet; schaden diese allenfalls
nicht, so macht jeder heftige Wind und
Sturm, jeder starke Regenguß, jeder kleine
Kiesel auf die überreife, ganz gekrümte, von
Sonne, Thau und Regen nach und nach
gleichsam schon geröstete Gerste die sehr
schädliche Würkung, daß ihre Aehren lückigt
werden und viele Körner verlieren. Kommt
endlich der mitgesäete Herbsthafer zur Zeiti:
gung.

gung, so stossen sich vom Schneiden, Mähen und Aufbinden der Arbeiter wiederum sehr viele durch die Länge der Zeit mürbe gewordene Aehren, und viele Körner der Gerste ab. Dieser schädlichen Unbequemlichkeit wird nicht besser begegnet, als daß man Sommergemäng nicht aus Gerste und Herbsthafer, sondern aus Gerste und Sommerhafer zusammensetze, es mag der letzte weis oder schwarz seyn. Beydes erlaubt sodann nicht nur etwas spätere Saat, sondern es zeitiget auch eher mit einander, und gleichet die Erndte besser.

§. 11.

Wird Wintergemäng, Weizen und Korn unter einander gesäet, so erheischt die gemeine Gewohnheit eine baldige Saat, damit der Weizen vor dem Winter zur gehörigen Stärke komme, und den folgenden Sommer gehörig und zur rechten Zeit reifen könne. Indessen muß gemeiniglich der Roggen, der etwas später als Weizen gesäet seyn will, darunter leiden. Wie begegnet man dieser wahren und gar oft nachtheiligen Unbequemlichkeit?

§. 12.

§. 12.

Als eine Generalregel setze ich voraus: es muß jede Gegend die Zeit, wenn Weizen und Roggen wahrscheinlich zum sichersten gesäet werden muß, wohl vor Augen haben. Bey uns, und überall in Strichen, wie die oben beschriebene, muß schlechterdings ohne Ausnahme vor Matthäustag, d. i. den 21sten September, die Wintersaat vollendet seyn. In wärmern und sandigern Bezirken geschieht das aber erst nach Michaelis. Nun ziehe sich ein kluger Wirth diese Folge daraus: du must zur Saat des Mischelkorns die Mittelzeit zwischen der herkömmlichen Weizen- und Roggensaat treffen, ja, du must Mittel anwenden, der eigentlichen Korn- oder Roggen-Saat mit dem Gemang nützlich nahe zu kommen, ja neben derselben zugleich mitzubestellen. Wo man z. B. schon um Bartholomäi, den 24sten August, Weizen auf die Bergäcker zu säen anfängt, ja wol noch eher an diese Arbeit gehet, da hebt mit dem September auch schon die Roggensaat zum Theil mit an, und dauert mit der des Weizens und auch nach derselben, wegen der mit Leinsaat, Brachgerste, Klee, Rüben, Kartoffeln und anderer Tresenen besömerten Felder, wol beynahe bis an den 21sten Sept.

fort.

fort. Nun aber muß auch alles Winterkorn bestellet seyn. Nach diesem Zeitmaas ist die Saat vor Roggen vom 6ten bis zum 14ten Sept. die sicherste. Dieser nähere man sich mit dem Wintermischelkorn, und falle selbst mit in sie ein. Wo zur Arbeit Menschen und Vieh genug vorhanden sind, da verdoppele man gegen den äusersten Termin, und besonders bey guter Witterung, die Arbeiten.

§. 13.

Hier wollen wir eines bewährten Kunstgriffes erwähnen, der Roggen und Weizen neben und bey einander vertragsamer und zuträglicher macht. Der eine bezieht sich auf die Saatzeit, der andere auf die Saamenbereitung. Von jenem aber ist hier nur der Ort zu sprechen. Er besteht darinnen, den Weizen allein und eher zu säen, als das Korn. Dieser Einfall hat der seit geraumer Zeit in Uebung gekommenen Gewohnheit, den Klee nach der Gerste zu säen, seinen Ursprung zu danken. Wenn nemlich ein Acker zum Klee oder zu einer künstlichen Wiese schicklich und bestimmt ist, so wird er die hergebrachte Zeit erst mit Gerste besäet, nach einigen Tagen streuet man auf eben denselben, und zwar gerne, wenn wahrscheinlich

ein

ein Regen kommen will, den Kleesaamen auf eben denselben, und überzieht das nun zweymal besäete Feld fleißig mit der Egge. Hierdurch erlangt die Gerste den Vortheil, daß sie eher, als der Klee aufgehe, und, weil es um ihre gute Erndte eigentlich vor den Sommer zu thun ist, von diesem nicht unterdrückt oder überwachsen werde, sondern ihm vielmehr den grosen Dienst thue, ihn mit ihrem Gras und nachherigen Halmen zu beschatten und mild zu erhalten. Sobald diese Gerste reif und eingeerndtet ist, wird das Stoppelfeld, auf welchem allenthalben der Klee hervorsticht, mit längerm und was strohigten Miste gegen das Abhüten mit Vieh, und gegen den Frost des Winters gesichert, mit Asche, oder Aescher, d. i. ausgelaugter Aschenerde, aber recht gleich und dünne überdüngt; den künftigen Sommer wirft dieß Kleefeld, von welchem früh genug der Mist abgerecht oder abgeharkt seyn muß, zwo gute Futtererndten ab, deren die eine gar zu Heu bestimmt werden kan, und bezahlt die Braachzeit reichlich, wird mit dem Anfang des Augusts umgerissen, und im September mit Wintergetraide bestellt, das sich sehr wohl darauf befindet.

§. 14.

§. 14.

Die Methode zu dieser getheilten Gemangsaat ist diese: man nimmt soviel Weizen, als man zu einem Gemangfeld dessen mit Roggen mischen will. Z. E. 1 Acker, der 4 Maas erheischte, und mit 4 Maas Gemang bestellt werden sollte, würde erst mit 2 Maas Weizen, die zusammen 60 bis 66 Pfund wiegen, so geschickt von einem verständigen Säemann über denselben gleich ausgestreuet, daß er gerade auslangte. Nun müste er seicht mit kleinen Furchen untergeackert werden. Wie es nun die kommende Witterung erlaubt, so wird nach 4, 6, 8 Tagen, aber später nicht, die andere Hälfte an 2 Maas Roggen, die 59 bis 63 Pfund wiegen, eben so dünn und gleich, wie der Weizen, bey trockener Witterung aufgesäet, und nun mit der Egge unter Erde gebracht. Sollte auch der vorhin gesäete Weizen jetzo würklich stark gekeimt haben, so schadet es doch nichts. Eben jetzt mit dieser letzten Arbeit ist es Zeit, die vorhin beschriebene Schrotfurchen, §. 9., wenn es der Acker erfodert, zu ziehen, sie auszuschaufeln, und das Feld dem Segen des Himmels zu überlassen.

§. 15.

§. 15.

Durch diesen Weg kommt der Roggen später als der Weizen, und zu einer ihm mehr gebührenden Zeit in die Erde, wird durch die künstliche Wasserleitungen vor dem Ersaufen und Erfrieren mehr in Sicherheit gebracht, und erhält alles, was menschliche Hand und Vorsicht zu seinem Besten thun kan; der Weizen dagegen findet sich dabey nicht allein auch wohl, sondern kommt mit seiner Reife um so viele Tage, als er früher gesäet worden ist, der Zeitigung des Roggenkornes näher. Mit einem Wort, die Erndte des Mischelkorns erhält so mehr Zuverläßigkeit.

C) Der Saame selbst.

§. 16.

Das letztere, von dessen Behandlung der Ordnung nach noch muß gesprochen werden, ist der Saame. Mischelkornsaamen muß nicht von der Mischelkornerndte genommen werden, sondern von reinem Roggen und dem reinesten und reifesten Weizen. Taubweizen und auch Trespen, die beyde den Wintergemang, Korn, und besonders den Weizen so sehr entstellen und unwerth machen, sind ein Unkraut, das bey der Un-

acht-

achtsamkeit, Gleichgültigkeit und Liederlichkeit des Bauers sich am besten befindet und selten zurückbleibet. Je verständiger der Eigenthümer ist, je mehr richtet er sein Augenmerk darauf, Unkrautsaamen aus seinem Getraide zu verbannen. Er läßt einen Theil Saamen lesen, er kauft fremden reinen Saamen, er hütet sich vor Mist, in welchem das Stroh von solchem Unkraut einzelnen Saamen verbirgt und fortpflanzt, er arbeitet seine Felder recht durch, um alles im Schoos des Bodens zurückgebliebene Unkrautsgesäme zu vertilgen, und glaubt so viel aus der botanischen Philosophie, daß kein Saame sich aus- und in ein ander Getraide umartet, sondern nach der ersten von Gott eingepflanzten Kraft, 1 Mos. 1, 11. 12., sich bis ans Ende in seiner Art und Geschlecht erhält.

Werden die Ingredientien des Gemangs, jedes allein, von dem Getraide seiner Art genommen: so hat man die Proportion der Vermischung völlig in seiner Gewalt, bekommt hinlänglich reifen Saamen, (denn dem Weizen des Mischelkorns fehlt es immer gerne an völliger Reife,) der, gleich gesunden und starken Eltern, auch viel geschickter ist, seines gleichen mit Gesundheit und Stärke zu erzeugen.

§. 17.

§. 17.

Zu allen Saamen muß man die schönsten, reinsten und reifesten Getraidefelder auswählen. Der Roggen, dem es sehr wohl bekomt, wenn er abgeschnitten einige Tage auf dem Stoppelfeld liegen kan, dann aufgebunden und in X Haufen so mandelweis aufs Feld gesetzt wird, daß die Aehrenbüsche in der Mitte auf einander zu liegen kommen, und 2 und 2 sich immer übers X durchschneiden, bis die letzte oder 15te Garbe also auf die oberste Schichte gestürzt wird, daß ihr Aehrenbusch gleichsam eine Decke vor alle wird, dieser Roggen, endlich eingefahren, wird zum Saamen nur allein gebuscht, das heißt, ohne die Garben aufzumachen, läßt man die Aehrenbüsche der Garben nur leicht auf jeder Seite andreschen. So fallen die schönsten und schwersten Roggenkörner in die Tenne, und werden, wie gewöhnlich, zum Saamen gereiniget; die angedroschene Garben, welche nun Büschlinge heissen, werden in der Scheuer aufgehoben, bis im Winter die Reihe an sie kommt, daß sie auch rein ausgedroschen werden. Solchen gereinigten Roggensaamen bringt man nun auf die Böden 1, 2 und 3 Zoll hoch, und bewegt ihn an diesen gelüfteten

ten Orten täglich einmal mit dem Rechen, bis er zur Saat eingemessen wird.

§. 18.

Die Behandlung des Weizensaatkorns, um selbiges gegen den Brand zu verwahren, gegen den Mehlthau, der dem recht gut zubereiteten und also gestärkten Weizen, und dann überall dem Weizen im Gemang nicht so sehr, als wo er allein oder unbereitet steht, nachtheilig ist, und gegen andere Zufälle mehr, Stärke zu geben, die Behandlung des Saamenweizens sage ich, ist etwas verschieden von der des Roggen. Man wähle das trockenste, reiffte und ansehnlichste Weizenstück zum Saamen; an einem sonnenreichen Tage, (an welchem ein solches Feld von den Sonnenstrahlen beschienen eine wundernswerthe stille Naturmusik mit Knistern und Lispeln der sich auf den Aehren öfnenden Saamenhülsen macht,) lasse man ihn ungesäumt von genugsam angestellten Händen niederschneiden, mit dem Nachmittage bey voller Sonne in kleinere Garben binden, diese aufrechts, sobald jede gebunden ist, mit ihrer Stoppelseite in geraden Linien auf Satteln des Landes aufstellen, dann das Geschirr zum Aufladen und Einfahren her-
bey

bey kommen. Wie er nun in die Scheune eingefahren und abgeladen wird, so mustere man Garbe vor Garbe jeden Busch derselben, um alles hervorstechende sichtbare Unkraut, ja jede ins Auge fallende grünliche unreife Aehre herauszuziehen, und lasse nun diese Weizengarben an ihren Büschen eben so andreschen, wie es mit dem Kornsdamen geschehen muste, nur daß es hier alles zum nützlichsten und nothwendig in einem Tage geschieht, die Büschlinge hebe man dann ebenermasen bis zum Winterausdreschen auf, und bringe zuletzt den gewurfelten und gut gereinigten, auch wol über eine Kornrolle gelaufenen Saamen auch auf einen lüftigen Boden, verbreite ihn noch dünner als den Roggen, und bewege ihn täglich bis zur Saatzeit etlichemal mit dem Rechen.

§. 19.

Jetzt ist es Zeit und der Ort, von dem zweeten vorhin §. 13. erwähnten Handgriff zu sprechen. Dieser ist das Mittel einer künstlichen Beize, durch welche der Weizen zuverläßig vor dem Brand sicher gestellt wird, es mag dieser die Würkung vegetabilischer oder animalischer Ursachen seyn. Denn noch zur Zeit scheint es bis zu einer Evidenz

nicht

nicht bewiesen zu seyn, daß entweder kleine Insektgen oder verdorbene Säfte einer kränklichen Pflanze, oder was anderes, den schädlichen schwarzen Staub der Weizenkörner erzeugen, den man den Brand nennt. Aber desto zuverläßiger können wir versichern, daß die Lauge, von der wir Meldung thun werden, ein durchaus bewährtes Mittel gegen den Brand im Weizenkorn ist, dasselbige mit besonderer Stärke gegen andere gewöhnliche Anfälle verwahret, und sein Aufkeimen, Grünen, Bestauten, Halm und Aehre nachdrücklich fördert. Diese Beize ist nun keine andere, als die Seifensiederlauge, welche aus $\frac{8}{9}$ Theilen Holzasche, $\frac{1}{9}$ ungelöschten Kalk, und soviel Küchensalz, daß es $\frac{1}{2}$ des $\frac{1}{9}$ Kalks, oder $\frac{1}{35}$ Theil des Ganzen beträgt, bestehet. So lange das von dieser Mischung ausgelaugte und abgelaufene Wasser so stark und schwer ist, daß es ein frisches Ey trägt und nicht zu Boden sinken lässet, ist die Lauge zu dem hier zu erzielenden Zweck tauglich. Ihre erste Kenntniß und Gebrauch habe ich der Englischen allgemeinen Haushaltungswissenschaft, 5 Theile stark, zu danken. Diese kalte Sode wird in ein so räumliches hölzernes Gefäß mit einem Boden, der mit einem Zapfenloch versehen ist, gegossen, als

erfo-

erfoderlich ist, um eine gewisse Quantität Weizensaamen von 4 oder 8 Maas, d. i. 8 bis 16 Metzen darein zu schütten. Wenn nun das Zapfenloch mit seinem Zapfen von aussen verwahrt, von innen aber mit einem Strohwische, den ein Stein niederhält, versehen und die Lauge hineingegossen ist, so schüttet man ganz langsam den nach obiger Vorschrift gehandhabten neuen Weizensaamen oder auch dergleichen alten jährigen hinein, und bemerkt immer die Oberfläche der Lauge genau. Denn alle untaugliche leichte Körner halten diese Wasserprobe nicht aus, (ein physikalischer Grund, warum die Lauge bis zum Eyntragen stark seyn muß,) sondern schwimmen oben und werden sogleich mit einem Schaumlöffel abgehoben und weggeschmissen, alle verletzte und an ihren Häutgen beschädigte Körner aber, ob sie schon zu Boden sinken, werden durch die Stärke der Beize so angegriffen, daß sie auser Stand gesetzt werden, zu elenden kränklichen Pflanzen aufzukeimen, die gesunden dagegen sinken zu Grund, und saugen Kraft und Stärke zu künftigem frischen Wachsthum ein, und werden zugleich mit einem Safte saturirt, der vielen Insekten in der Erde und Vögeln der Luft den Appetit vergehen läßt, diese

D 3       Saat:

Saatkörner anzufressen und zu verletzen. Ist nun so viel Saamen im Gefäße, daß er gleich gemacht 2 Zoll und mehr unter der Lauge lieget, so rührt man ihn noch einigemal mit einem starken Stock von Grund aus um, damit das Abschäumen, alles noch hier und da versteckten Unrathes, besser begünstigt und solcher weggeworfen werde.

§. 20.

Ist dem Augenschein nach nun lauter guter Weizen im Kübel, so läßt man ihn, wenn es neuer Saame ist, 12 Stunden in dieser Brühe, ist es aber alter Saame, 18 Stunden stehen. Nun ist es Zeit, den Zapfen aus dem Gefäß zu ziehen und die ablaufende Lauge bis auf den letzten Tropfen in untergesetzte Gefäße aufzufangen, sie wieder auf den Aescher zu schütten und von daher mit neuer Stärke zurückkehrend zu anderer guter Lauge des anderweiten Gebrauches wegen aufzubewahren. Sobald dieß Abziehen vom Weizensaamen so reinlich geschehen ist, daß keine Brühe wahrscheinlich mehr auf dem Boden seyn kan, so hebt man mit einer hölzernen stumpfen Schaufel allmählig den Saamen aus dem Bottiche aus, und schüttet ihn auf einen reinen Boden, und über-

überstreut jedesmal das ausgeschaufelte mit zerfallenem Staub von ungelöschtem Kalk. Ist nun alles ausgeschaufelt und immer überstaubt worden, so wird zuletzt der ganze Haufe des Saamens so behutsam mit einem Rechen gemischt, daß jedes Saamenkorn vom Kalke überzogen und gleichsam candirt werden kan. Zuletzt wird alles dünn von einander gezogen bis 1 Zoll hoch, und einige Tage täglich mit dem Rechen zum antrocknen bewegt. Jetzt ist er zur Saat bey etwas mehr feuchtem als allzutrocknen Boden geschickt, er mag mit Roggen gemischt, oder allein gesäet werden sollen. Der Säemann brauche nur die Vorsicht, nach der Arbeit seine Hände nicht sobald mit Wasser abzuwaschen, sondern mit trocknen Tüchern abzureiben.

§. 21.

Ich preise diesen Versuch mit dem besten Gewissen eines ehrlichen Mannes, und aus so zuverläßigen Erfahrungen, die ihn über alles empfehlen. Wahr ist es, er kostet etwas Aufwand und Mühe, allein beydes wird schon auf der Stelle, und noch mehr durch die guten Folgen ersetzet. Auf der Stelle; denn dieser auf die vorgeschriebene Art behandelte Saame quillt um ⅓ seiner ganzen Quantität auf, und kan einfolglich ganz ohne Nachtheil ⅓ Land mehr damit bestellt werden; da zu 1 Acker 4 Maas ungebeizten Saamens gehören, so reichen nun 3 dazu hin, da sie durch die Lauge zum 4tel mehr aufschwellen. Durch die gute Folgen wird Aufwand und Mühe ausnehmend ersetzt. Dieser Saame geht schneller auf, kan also mit dem Roggen gleich gemischt und als Gemäng in einer Stunde gesäet werden, das ist eine Sparung der zweyten Zeit, die bey obiger separaten Weizen- und Roggensaat §. 14. aufgieng; ist vor den Brand das entschiedenste Mittel; und da er gleichsam als eine Colonie aus lauter gesunden, starken und genährten Inn- wohnern besteht, erträgt er 100 Zufälle leichter, und bringt eine zahlreichere und gesegnetere Familie ins Feld; ist endlich ge- gen Nachstellung der Vögel und Erdinsekten weit mehr, als ungelaugter Saame in Si- cherheit. Auf die Art behandeltes Feld trägt sehr oft das 8te Korn, wenn anderes das 4te, 5te oder 6te trägt.

§. 22.

Den Roggen auf gleiche Art zu beizen, kan ich nicht anrathen, weil angestellte Versuche

suche seinen Ertrag weder verschlimmert noch verbessert haben. Ich bin selbst nicht in Stande, es mit Gewißheit zu sagen, ob ihn die Schnecken gescheuet, oder doch genaget haben. Der Roggen scheinet vielmehr von den andern Vorsichten und Wartungen sein Gedeihen und Stärke herzuholen. Die Gerste, daß ich es beyläufig erwähne, hat von dieser Beize auch wesentliche Dienste zu erwarten. Der Verfasser weiß zu allen dem nichts weiter hinzuzusetzen, als daß er diejenige Leser, die den Aufsatz zu weitläuftig finden, ersuchet, ihm Vergebung zu schenken, wenn es anders ein sehr merklicher Fehler seyn kan, was man vielen sagen will, zu deutlich zu sagen; und daß er endlich wünscht, daß viele Liebhaber und Beförderer des Ackerbaues sichs gefallen lassen, die gegebene Vorschläge zu befolgen, weil er dann gewiß ist, daß die Erfolge den erzielten Absichten entsprechen, wahren Nutzen stiften, und sie mit ihm zufrieden machen werden.